L'EMPEREUR ALEXANDRE

DANS UNE PETITE VILLE

DE CHAMPAGNE,

EN 1814.

DE L'IMPRIMERIE DE J. GRATIOT.

L'EMPERÈUR
ALEXANDRE

DANS UNE PETITE VILLE

DE CHAMPAGNE,

EN 1814.

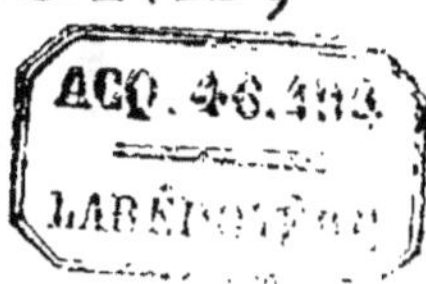

LETTRE A M. LE MARÉCHAL-DE-CAMP ***.

Vitam impendere vero.

~~~~~~

A PARIS,

Chez Théodore LE CLERC jeune, Libraire, rue
Neuve-Notre-Dame, en la Cité, n° 23.

1816.
~~~~~~

L'EMPEREUR

ALEXANDRE

DANS UNE PETITE VILLE

DE CHAMPAGNE,

EN 1814.

LETTRE A M. LE MARÉCHAL-DE-CAMP ***.

———

MON cher Général, vous revenez-là sur de bien vieilles cartes, celles de la guerre de 1814. *Infandum jubes renovare dolorem :* mais puisque vous voulez absolument connaître ce que j'ai pu savoir à B., touchant l'un des meilleurs souverains de l'Europe, je vais vous satisfaire. Du moins le souvenir de sa personne et de ses rares qualités, me consolera, en quelque sorte, des désastres que ce récit me rappellera.

Je crois que, pour remplir vos vues, il me suffira de vous transcrire ici purement et simplement une ancienne notice que j'ai faite sur cet objet.

Elle pourra vous servir à suppléer, en quelques points, l'histoire de cette guerre écrite par M. de Beauchamp. Si même vous avez occasion de le voir, engagez-le à vous donner les dates restées en blanc. Je ne les ai pas remplies, crainte de commettre quelque erreur. Hélas! nous souffrions tant alors, que la précision, à cet égard, me serait bien impossible.

Je me recommande, pour le style, à votre indulgente amitié. Pour la fidélité historique, je vous proteste, sans phrase, que cette notice est vraie.

J'en ai écarté beaucoup de détails plus ou moins remarquables, parce que je ne l'ai pas écrite pour des conteurs d'anecdotes. J'avais un plus noble but. Vous saurez l'apprécier.

La France accablée voyait enfin, en 1814, pour fruit de vingt ans de conquêtes, ses anciennes frontières envahies de toutes parts, et le grand quartier-général de la Ligue européenne s'avançant rapidement dans la direction de Bâle à Paris.

Déjà les Alliés occupaient Langres et Chaumont. Les proclamations rassurantes qui les avaient devancés, jointes au ressentiment d'un trop long despotisme, avaient disposé toute la population en leur faveur. On les désirait comme des libérateurs et des amis. Quelques instans, ils furent tels qu'ils s'étaient annoncés. Bar-sur-Aube, la première ville où l'armée française leur opposa une forte résistance, fut la première qui éprouva les effets d'un changement subit dans la conduite de leurs troupes ; quoique la présence des souverains et des généraux, sur-tout celle de l'empereur Alexandre, modérât encore les premiers accès du désordre.

Le ..., le maréchal Mortier, qui avait successivement fait sa retraite jusque sur cette capitale de l'ancien Vallage, où il venait de concentrer une partie de la vieille garde et d'autres corps, n'avait pu, avec ces forces, résister à la supériorité numérique. A la suite d'une action vive et meurtrière, qui eut lieu près de la ville et où le général Giulay demeura vainqueur (1), les alliés l'avaient occupée au point du jour. Ils témoignèrent un grand étonnement que ce débouché, si important, et environné de positions si favorables, n'eût pas été disputé avec des forces plus imposantes.

---

(1) Dans le livre de M. de Beauchamp (2ᵉ édit.), cette affaire, appelée le premier combat de Bar-sur-Aube, est décrite avec beaucoup de vérité, quoiqu'avec une espèce d'emphase qui ne convient peut-être pas à la sévérité de l'histoire.

L'empereur Alexandre arriva de Chaumont presque aussitôt, ainsi que les souverains alliés (1). Il descendit avec le comte de Tolstoï, son grand-chambellan, dans la maison de M. R'B., désignée pour le logement de Sa Majesté, et s'empressa d'annoncer, en entrant, tout son désir de n'être nullement à charge.

L'empereur n'accepta pas le lit qui lui avait

---

(1) D'autres habitans reçurent l'empereur d'Autriche, le roi de Prusse, divers princes souverains, les ministres, les généraux, les états-majors, etc.

Ainsi Bar avait l'honneur de posséder à la fois une grande partie des souverains de l'Europe. Mais, comme ici-bas il n'y a pas d'honneurs sans quelque mélange de peines, quatre cents officiers attachés au grand quartier-général, toutes les gardes des souverains réunis, quatre mille chariots et caissons, quarante mille hommes de troupes qui venoient de se battre; telle fut la première charge étrangère qui tomba tout d'un coup sur une petite ville de trois à quatre mille âmes. Et Dieu sait quel ravage commença!... Toute l'armée, empanachée de lauriers et de buis, arriva à longs flots les jours suivans; c'était la seule route directe pour le grand mouvement qui s'opérait. Cette ville a été de la sorte pendant plus de deux mois, outre les combats dont elle fut le théâtre, continuellement foulée et refoulée, comme point d'appui et centre de jonction des armées alliées, dans tous leurs succès, revers, marches et contre-marches.

été préparé; il exprima qu'il était fâché de voir qu'on se fût donné des peines, et il ajouta : « D'ailleurs, l'impératrice Marie n'a point habi- » tué ses fils à la mollesse. » Ses gens arrangè- rent, dans l'appartement, de la paille et une large peau; « avec un manteau, dit l'empereur, voilà » mon lit en temps de guerre. » Combien d'offi- ciers de toutes armes se montraient alors plus difficiles!

Ce monarque, depuis la prise de Bar-sur- Aube, suivit, avec une ardeur infatigable, tous les mouvemens des armées. Il ne fit pas, dans cette ville, de nombreux et de longs séjours ; mais chaque fois qu'il s'y trouva, il enchantait par les manières les plus affables, que le fracas des armes n'altéra jamais. Il aimait à écouter les plaintes et à consoler. Tout, en sa personne, res- pirait la délicatesse et la bonté, la simplicité et la grâce, la bienveillance et l'extrême franchise. Il semblait se complaire à montrer sa belle âme à découvert; à s'abaisser jusqu'à la plus douce familiarité ; à laisser lire jusqu'au fond de son cœur; à rendre, pour ainsi dire, ceux qu'il ad- mettait à l'honneur de lui parler, témoins et juges de ses pensées.

Un jour M. R'B. eut occasion d'exprimer à l'empereur Alexandre les craintes qu'on avait conçues d'après divers propos, que par suite des événemens qui se préparaient en France, on ne vînt bientôt à reprendre des bois de communes, vendus récemment d'ordre de Bonaparte, et payés même bien cher par des acquéreurs confians.

L'empereur alors, s'appuyant sur la cheminée, parut se recueillir, et voici une partie des réflexions qui, dans cette précieuse occasion, lui échappèrent successivement.

« Qu'ils ne craignent pas plus pour toute espèce
» de domaines d'état qu'ils auront achetés, que
» pour les biens mêmes dont ils auraient hérité
» de leurs pères. La seule bonne foi des acqué-
» reurs serait une barrière suffisante, quand on
» n'en aurait pas d'autres.

» Ceux qui vous gouverneront, ne touche-
» ront jamais à cela. Et puis, ne trouveront-ils
» pas toujours, avec le temps, de bons moyens
» d'indemniser peu à peu, suivant équité et
» raison, les communautés ou les particuliers
» qui ont de justes droits à réclamer ?

» Imaginez-vous bien que nous ne venons rien
» défaire chez vous, que nous n'en voulons ni
» à la France, ni à aucune classe de Français,
» ni à aucun Français. Nous n'attaquons, nous

» ne poursuivons que votre empereur ; nous n'en
» voulons qu'à lui....

» .... (1) Si vous souffrez de notre présence ,

---

(1) La veille, M. R'B. avait dit franchement à M. de
Tolstoï, que l'on n'avait pas voulu seconder Bonaparte,
attendu qu'on était trop las de sa longue et désastreuse
tyrannie, qu'on aspirait plus que jamais au retour des
Bourbons , et qu'on entrevoyait enfin une heureuse issue
en se fiant aux proclamations des souverains alliés : mais
que, si l'on avait pu se faire d'avance une idée de la conduite de leurs troupes , toute la population se serait armée
contre elles à tout hasard , et qu'elles ne seraient pas en
France.

« —Parce que , ajouta-t-il, du moment que les Français
» voudraient s'entendre bien ensemble, le monde entier
» ne prévaudrait pas contre eux.

» — Oh ! je dois convenir que la coalition a compté un
» peu sur les désunions en France.

» — Il n'y aurait eu, je vous assure, aucune désunion
» parmi nous. Pas un seul pour Bonaparte, et tous contre
» nos ennemis. Mais il n'est plus temps : il faut savoir
» souffrir...

» — Cette sage résignation n'empêche pas, à la vérité,
» notre généralissime d'avoir une frayeur extrême. Il lui
» semble déjà voir toutes les campagnes révoltées contre
» nous. Mais cet événement me paraît impossible. Il leur
» faudrait au moins un but commun, et elles n'en ont
» pas. »

Maintenant, que ce but commun existe; que la France ,

» quand nous prenons tant de précautions, son-
» gez un peu à ce que nos peuples ont dû souffrir
» de vos troupes. Je sais très-bien que tous les
» soldats ne sont pas aussi réservés que leurs
» chefs, malgré les plus sévères exemples de dis-
» cipline. Mais quoi ! ce que nous ne pouvons
» empêcher, est une suite inévitable de la guerre.

» Il y avait tant de siècles qu'on ne l'avait vue
» dans vos contrées ! c'est ce qui vous la fait en-
» core trouver plus affreuse.... Au reste, je sens

---

après une dernière et si fatale épreuve, est unie enfin pour
jamais sous son Roi légitime; si des étrangers (ce que Dieu
ne veuille !) essayaient de troubler cette union, et comp-
taient sur quelques divisions apparentes pour entreprendre
de nous asservir, ils apprendraient ce que peuvent aussi
les Français pour sauver leur indépendance et leur Roi.

Quant aux craintes du prince généralissime, lorsque
M. de Tolstoï examinait s'il y avait un but politique
de soulèvement, le prince imaginait un autre motif : mais
il l'attribuait au mauvais esprit des habitans, tandis qu'il
aurait dû le voir uniquement et le réprimer dans la mauvaise conduite des troupes alliées. C'était le désespoir seul
qui aurait pu produire enfin une révolte ! ... Heureuse-
ment la Providence, en nous châtiant, veillait sur nous.
Le moment était proche, où, au plus fort de la crise, elle
allait tout d'un coup nous délivrer de Bonaparte, de nos
ennemis, et du désespoir.

» combien sont à plaindre surtout les habitans
» de cette vallée-ci, qui est devenue le pivot de
» nos mouvemens.

» Du moins, je puis généralement répondre
» de la conduite de mes Russes. Les prétendus
» barbares du nord sont disciplinés. Ils n'ont pas
» été gâtés, en faisant la guerre à l'école de Napo-
» léon (1).

» Que de mal cet homme nous a fait !... Il vous
» parlait sans cesse du Génie du mal; c'est lui qui
» l'était.... Que de calamités n'a-t-il pas attirées
» sur vous !... Mais j'espère que de tous vos mal-
» heurs, aucun ne pourra jamais nous être im-
» puté....

» .... J'aime les Français. Je les aime d'incli-
» nation. Je me plais même à penser qu'aucun
» Français n'est l'ennemi ni de moi ni de mon
» peuple; comme la Russie est nécessairement
» de la France l'amie la plus naturelle et la plus
» sûre (2).

─────────────

(1) Voyez l'Appendice à la fin.

(2) « Ainsi, dira-t-on, il n'est pas douteux que l'empe-
» reur Alexandre ne soit ni ennemi ni envieux de la France.
» Or, plus une puissance est voisine d'une autre, plus
» elle doit lui inspirer de craintes, et telle n'est pas
» envers nous la Russie; elle n'a pas intérêt à nous sus-
» citer constamment de nouveaux dangers; on n'a pas

» Il n'y a, parmi les Français, que leur empe-
» reur, qui s'est fait mon ennemi.

» proclamé dans son sénat qu'il fallait finir par effacer la
» France de la carte d'Europe ; au contraire, son souve-
» rain a lui-même exprimé qu'il faut que la France soit
» imposante. Si donc ce monarque abandonnait aujour-
» d'hui le système politique que la force des cironstances
» lui fit adopter en 1812, ne serait-il pas pour la France
» utile, autant que naturel et possible, de rester amie de
» la Russie ? »

Cela paraît évident. Mais, hélas ! dans quelque hypothèse qu'on place la France, on éprouve un mal-aise indéfinissable, quand on songe à sa situation actuelle vis-à-vis des grandes puissances de l'Europe. Si elles demeurent unies, on continue à trembler. Si elles semblent se diviser, on n'y voit qu'une plus profonde adresse peut-être. Si une rupture bien certaine éclate, on craint que la France ne soit obligée à prendre un parti, et entraînée précisément dans celui qui lui sera le plus fatal. Il n'y a que la haute prudence de Louis XVIII qui nous rassure. C'est une grande consolation pour nous que de voir Sa Majesté, en contenant avec sagesse la malveillance dans l'intérieur, s'efforcer de se maintenir au dehors l'amie de tout le monde, et ne pas perdre de vue que, si personnellement elle est bien avec tous les souverains, quelques-uns de leurs cabinets, cependant, pourraient peut-être s'entendre contre elle et contre son peuple. Puisse le ciel être enfin apaisé, et la France ne plus se trouver le jouet et la victime d'aucune perversité !

» Vous ne croiriez pas que je l'ai aimé?.....
» C'est pourtant vrai! demandez à Tolstoï. Je le
» croyais tout honneur, quand il n'était qu'orgueil
» et perfidie. Je le hais aujourd'hui comme l'en-
» nemi le plus affreux.

» Il m'avait séduit, après tant de succès, avec
» ses protestations et ses discours, à Tilsitt et à
» Erfurt. Tolstoï en était enchanté, et tout glo-
» rieux du grand ruban de son ordre. Mes mi-
» nistres m'ont souvent entendu dire : *Voilà un*
» *souverain! Son alliance ne peut que m'être ho-*
» *norable autant qu'utile...*

» Combien ne m'a-t-il pas répété et prouvé
» qu'il ne pouvait jamais entrer, ni dans ses in-
» térêts, ni dans son cœur, d'être une minute
» en guerre avec moi?... Comme il m'a trompé!...
» mais la divine Providence m'a secouru.

» Je ne sais vraiment pas bien encore aujour-
» d'hui pour quel motif il m'a fait la guerre. S'il
» est venu m'attaquer uniquement pour tirer une
» vengeance éclatante d'un ancien refus de ma-
» riage, comme on l'a dit, c'était une insigne
» folie. Si c'est à cause des Anglais, oh! je ne lui
» étais peut-être que trop favorable là-dessus?.....
» (1) Je n'aimais peut-être guère plus les An-

____

(1) Ce trait de franchise est digne de fixer l'attention de

» glais, qu'il ne les aimait lui-même!... Pourtant
» je ne puis disconvenir que leurs relations ne
» soient utiles à mes peuples....

»... Il était si facile que la France, dans sa posi-
» tion superbe de toutes manières, amenât insen-
» siblement les Anglais, en entrant d'abord dans
» toutes leurs vues mercantiles, à n'être plus un
» jour que les conducteurs, courtiers et entre-
» poseurs de son commerce maritime!...

» L'Europe y aurait gagné.... La mauvaise po-
» litique de votre empereur a tout perdu.... Son
» insatiable et orgueilleuse ambition l'a perdu
» lui-même...

» ... Au passage du Niemen, je lui fis encore
» faire des propositions pour arrêter la guerre. Je
» consentais à tout. Il était aveuglé ; il repoussa
» tout. Il dit à Tolstoï : *C'est un verre plein, il*
» *faut le vider !*...Eh bien! il l'a vidé jusqu'à la lie...

---

nos politiques. Il me rappelle que j'ai aussi entendu dire (c'était en 1811 chez un ambassadeur de Russie près une cour d'Allemagne), *que l'empereur Alexandre était, comme avant lui l'empereur Paul, assez peu ami de l'Angleterre ; que les grands de Russie étaient, au contraire, généralement dans le parti anglais ; et qu'il fut un moment où l'on craignit, pour cette cause, une nouvelle révolution à la cour de Pétersbourg.*

» .... Au reste, s'il veut, ses affaires ne sont pas
» encore entièrement désespérées. On vient de
» lui faire d'assez bonnes conditions (1). S'il y
» acquiesce, vous serez bientôt débarrassés de
» nous. Je suis de bonne foi; mais je crains bien
» qu'avec cet homme-là, tout cela ne tienne pas
» long-temps. S'il refuse, oh ! alors, c'en est fait ;
» nous marchons sur Paris et nous le détrônons.
» C'est une affaire arrangée. Et quels que soient
» ses derniers efforts, il faudra toujours qu'il
» succombe, dût-il réussir à lever une nouvelle
» grande armée. L'Europe a encore, au moment
» où je vous parle, plus de quatre cent mille com-
» battans en France; six cent mille autres sont
» prêts à leur succéder ; et nous en leverons le
» double de plus , s'il le faut ».

Depuis cette conversation, si remarquable par
l'abandon le plus confiant, l'armée centrale des
Alliés, battue en diverses rencontres, après avoir
obtenu d'abord de grands succès, se replia jus-

---

(1) Tandis que tous les souverains unis, incertains dans
leur politique, se décidaient encore à traiter avec Bonaparte,
ne semble-t-il pas que l'ambitieuse et aveugle obstination
de celui-ci ne leur opposait d'obstacles, que pour faciliter
les voies à l'accomplissement des admirables desseins de
la Providence sur la dynastie de nos Rois légitimes !

qu'au delà de Bar-sur-Aube; mais elle s'arrêta dans les environs, où pendant plusieurs jours ses généraux s'occupèrent à rallier et à concentrer des forces considérables.

C'est à cette retraite qu'il faut rapporter, qu'au conseil des souverains, il était fortement question de repasser nos frontières et même le Rhin.

Le prince de Schwartzenberg insistait pour ce dernier parti. Il désirait qu'on se bornât à occuper toute la rive droite, et à laisser la France s'user encore elle-même, pendant quelque temps, par l'action des divers partis. Il voyait Bonaparte plus fort et mieux soutenu qu'on ne l'avait pensé. Il craignait que, pour le moment, les armées alliées, qu'il trouvait déjà singulièrement affaiblies, ne rencontrassent, à chaque pas, de nouveaux dangers, de nouveaux piéges de toute espèce, et ne finîssent par s'épuiser inutilement en France, comme avaient fait les armées françaises en Espagne.

Ce fut l'empereur Alexandre qui s'y opposa. Il parut à Sa Majesté que l'on ne connaissait guères encore l'ennemi auquel on avait affaire; que les Alliés perdraient à jamais tous leurs avantages, en se retirant; que la France, visiblement lassée du joug de Bonaparte, l'abandonnait et mettait en eux tout son espoir de salut; mais qu'en peu de mois de leur absence, elle pouvait redevenir, dans les mains de cet homme, un instrument invincible.

L'empereur voulut donc qu'au lieu de se rebuter si promptement, on fît de nouvelles et meilleures dispositions; qu'on redoublât d'efforts; que loyalement et unanimement on fût disposé aux plus grands sacrifices; que, sans retard, on mît en mouvement toutes les réserves et qu'on réglât de nouvelles levées; qu'on ne laissât aucun repos aux troupes alliées, aucun relâche à Bonaparte, avant d'avoir atteint Paris. « Ce n'est pas » à la France, continua-t-il, que nous faisons la » guerre, c'est à Bonaparte; efforçons-nous donc » de lui ôter promptement la France, qui lui » échappe. Passons la Seine à Paris; voilà notre » Rhin. Et tout sera terminé. »

L'empereur Alexandre se plaignit même alors devant M. *, que le prince de Schwartzenberg n'exposait aux combats que les Russes et d'autres alliés, et ménageait *toujours ses Autrichiens* (1).

---

(1) A cette même époque, il était très-remarquable que les Russes ne pouvaient souffrir les Autrichiens. Quoiqu'en général les officiers russes affectassent une sorte de suprématie dans les armées alliées, c'était surtout envers les officiers autrichiens qu'il fallait voir leur altière franchise, et leurs dispositions peu favorables. A chaque heure du

» — Cela ne peut pas aller ainsi, ajouta Sa Ma-
» jesté ; je vois bien qu'il faudra que je me charge
» moi-même du commandement en chef. Mon
» frère le roi de Prusse est de cet avis.

» ... En vérité nous ne trouvons pas trop de
» franchise dans notre frère l'empereur d'Autri-
» che. Pourtant, j'espère qu'il fera comme nous
» aurons décidé de faire. Il s'agit d'assurer, enfin,
» le repos de l'Europe. Je crois que tout ce que
» nous avons de mieux pour cela, est de vous
» ramener Louis. C'est mon unique désir à moi :
» mais je voudrais bien que la France se pro-
» nonçât.

» — Sire, tous les cœurs français forment le
» même vœu ; mais comment l'exprimer ?

» — Oui, oui, oh ! je sens bien qu'il faut que
» nous battions encore Napoléon ; nous le bat-
» trons encore ; nous vous en délivrerons.... Il a
» fait mettre sur vos monnaies : *Dieu protège la*

---

jour on les entendait exprimer hautement l'extrême plaisir
qu'ils auraient à tourner les armes contre leurs alliés les
Autrichiens, à les combattre bien plutôt que les Français.
Il fut un moment où l'on crut que l'Autriche allait se
retirer de la coalition. Les officiers russes en auguraient
qu'ils se battraient contre les Autrichiens, et c'était pour
eux le sujet d'une grande joie.

« *France*. Eh bien ! c'est sa propre condamnation
» à lui. La bonté divine vous protégera, comme
» elle nous a protégés ».

Les Alliés s'étaient donc concentrés depuis plusieurs jours dans les environs de Bar. Il n'y avait qu'un mois que ces positions leur avaient paru trop belles à défendre, et trop essentielles à conserver, pour ne pas s'y arrêter dans leur retraite, et essayer d'en tirer parti.

Le ..., ils avaient entièrement abandonné la ville. Leur arrière-garde, serrée de près, ne l'avait pas encore évacuée, que déjà des soldats français y pénétraient. Il y eut toute la nuit une fusillade très-vive dans le voisinage des faubourgs.

Le ..., l'armée française perdit à Bar, après avoir deux fois pris et repris cette ville, une bataille qui, bien que partielle, fut peut-être la plus décisive de cette guerre, puisqu'elle rouvrit aux Alliés toutes leurs communications et la route directe de Paris, en ne leur laissant plus aucun doute sur leur force.

Les différens corps d'armée envoyés sous les ordres du maréchal Oudinot, pour déloger les ennemis de toute cette importante position, et l'occuper, ne purent pas plus s'y maintenir, que ne l'avait pu la division du maréchal Mortier, le mois précédent. Engagés au sein d'une armée formidable qui les attendait, les Français durent encore cette fois céder à la trop grande supériorité du nombre, après la plus habile et la plus sanglante résistance (1).

---

(1) Tout le soir on se battit dans les rues de la ville. Sur d'autres points, l'action dura une partie de la nuit.

Une chose à observer en général, c'est que le plus grand nombre des actions qui eurent lieu pendant cette guerre, ne prit une véritable consistance que vers le soir, et se prolongea toujours fort avant dans la nuit. Les uns disaient que les généraux alliés n'étaient jamais prêts, et ne savaient bien se battre qu'après avoir bien dîné; les autres, que cette temporisation était une tactique très-avantageuse pour vaincre les troupes de Bonaparte, dont la prépondérance tombait avec le soleil.

Ce deuxième combat de Bar-sur-Aube fut singulièrement meurtrier. Les hauteurs, qui des deux parts dominent la ville dans le prolongement de plus d'une lieue, étaient jonchées de cadavres ennemis. Les Russes, surtout, souffrirent considérablement. Des lignes entières de leurs régimens avaient été balayées, coup sur coup, par des batteries françaises avantageusement placées.

Voici un sujet bien digne de méditation.

Quatorze cents ans auparavant, des Tartares-Calmoucks sortis de contrées actuellement russiennes, les Huns, conduits par Attila de par-delà le Wolga jusques dans les Gaules, y passèrent le Rhin aux mêmes lieux, et suivirent la même route, que, de nos jours, la plus grande partie des Russes et de leurs alliés; ravagèrent ces mêmes hauteurs, détruisirent cette même ville, où leur postérité apparaît,

De diverses batteries ennemies, la ville, presque entièrement construite en bois, fut accablée d'obus. Elle était destinée au même sort qui avait déjà réduit en cendres, Nogent, Méry, etc. On y était dans des transes mortelles; on avait entendu dire au maréchal : *leur projet est de vous brûler...* Dieu permit que le feu ne prit nulle part. Il semblait qu'une main invisible éteignait subitement tous ces corps enflammés qui éclataient sur cette ville (1).

---

amenée encore par la guerre.... Du moins les fils n'ont pas la férocité de leurs ancêtres !... Mais hélas ! pourquoi faut-il que l'Attila moderne, le démon du midi, soit allé les provoquer? Pourquoi n'a-t-il pas fini son existence au sein de leurs frimas, comme le *fléau de Dieu* avait expiré dans le midi ?

(1) *Bar-sur-Aube*, dit M. de Beauchamp, *n'a échappé à l'incendie que par une espèce de phénomène....* C'est où la science humaine se confond, que la religion vient nous présenter ses douces clartés. Les personnes pieuses virent, dans cet événement miraculeux, la protection marquée de la patrone de cette ville, la Bienheureuse GERMAINE, vierge et martyre. Elle avait jadis imploré inutilement les Huns pour la conservation de la même ville. Elle fut décapitée par l'ordre du frère d'Attila. On distingue encore, sur la montagne qui porte son nom, le lieu de son martyre, et quelques vestiges des retranchemens que les Romains avaient élevés pour défendre les approches de cette ville, et que les Huns détruisirent.

Ainsi, dans cette nouvelle invasion des peuples du Nord,

Mais une autre calamité était réservée à ses habitans. Ils furent, par les ordres du général comte
de Wrede, livrés au pillage des troupes bavaroises,
dont la direction était d'occuper la ville (1).

---

la ville de Bar-sur-Aube fut sauvée de la destruction, par
l'entremise d'une Sainte, qui s'était vainement dévouée pour
elle, lors de leur première irruption !

(1) Le général n'avait ordonné que deux heures de
pillage. Quelques habitans, qui purent trouver des officiers
pour se garantir un peu, ou qui eurent l'idée et la force de
résister corps à corps à la soldatesque, sauvèrent quelque
chose. Tout le reste fut pillé toute la nuit.

Le peuple, dans les premiers instans, avait cru ne voir
que des Cosaques. Quelques jours après, le capitaine
Biliesky, aide-de-camp d'un général Cosaque, faisant re-
marquer à M. B'L que, parmi tout le désastre de sa maison,
aucune glace n'avait été brisée, lui dit : « On voit bien
» qu'on n'a pas fait piller votre maison par des Cosaques.
» — En ce cas donc, répondit M. B'L., vivent les Ba-
» varois ! »

Ceux-ci avaient annoncé que le pillage allait avoir éga-
lement lieu à Troyes et à Montereau, à mesure que l'on
rentrerait dans ces villes, parce qu'on savait aussi qu'elles
avaient tiré sur l'armée alliée au moment de sa retraite.
S'il n'est pas vrai qu'elles eurent la même circonspection
que Bar-sur-Aube, il est certain du moins qu'elles furent
plus heureuses. Comme la première fureur était passée,
et qu'on y rentra sans combats préalables, il paraît que
Troyes, qui, d'ailleurs, avait déjà eu des faubourgs in-
cendiés dans la retraite, eut le temps de prévenir les géné-

Elle était accusée d'avoir tiré sur les troupes alliées, le jour où elles l'avaient évacuée, notamment sur le prince Charles (de Bavière ou de Wurtemberg). Cette accusation était fausse.

Le ..., l'empereur Alexandre revenu à Bar, son premier soin fut d'exprimer avec bonté à madame R'B., combien il était attristé de l'état où il revoyait cette ville. Il parut aussi blâmer la précipitation et l'excès de sévérité qu'on y avait mis. Cependant à l'expression de sa pitié, il ajouta des reproches contre les habitans.

« — Comment! tirer sur un prince allié, et au » moment même où il s'éloigne! espérait-on tuer de ce coup toutes les armées alliées?

» — Ah! sire, notre ville a été calomniée! ses » habitans ne sont nullement coupables du fait » qu'on leur impute.

» — Précédemment, je restais au milieu d'eux » avec confiance; leur *sans-génité* me plaisait; je » les croyais bons. Je n'y resterais pas long-temps » à présent; je m'étais abusé sur leur compte.

» — Non, sire, votre Majesté ne s'était point » trompée; ils n'ont cessé d'être bons et sages, et

---

raux, et de s'imposer une contribution pour apaiser leur ressentiment, fondé ou non, et que Montereau eut le bonheur d'être totalement garanti, par la nécessité d'une marche précipitée des Alliés sur Paris.

» bien décidés à ne pas se mêler de cette guerre.
» Le coup de fusil dont on les accuse, n'a pu venir
» que de quelques soldats français, qui tiraient
» déjà dans la ville, quand le prince la quittait.
» Mais on dit que M. le comte de Wrede a saisi
» avec empressement l'erreur et la calomnie,
» voyant en cela de quoi encourager et récom-
» penser ses troupes (1).

» — Oh! il en est incapable ».

La ville de Bar-sur-Aube, si constamment fatale
aux armes françaises, désolée de ses maux et de
l'injuste soupçon qui venait d'y faire mettre le
comble, vit pour la seconde fois les coalisés s'é-
lancer de son sein vers Paris. Elle fut encore pendant près d'un mois partagée entre l'espérance et
la crainte. Mais le ciel avait marqué ce retour de
la victoire sous les drapeaux des Alliés, comme
le signal définitif de la commune délivrance.

Le ..., les souverains alliés avaient reparu à Bar ;
une partie de leur grand parc venait encore d'o-
pérer un mouvement rétrograde. On disait tout
à la fois et que leurs armées étaient coupées sur
différens points, et que Bonaparte était lui-même
rejeté et coupé de la capitale.

----

(1) Le général insista pour que la ville livrât le cri-
minel. Mais comment aurait-elle pu satisfaire?... Il n'y eut
pas de crime commis ; à moins que ce ne soit, peut-être, la
mise de cette ville à la discrétion des soldats.

L'empereur Alexandre, en se portant de nouveau en avant : « Voyons un peu, dit-il, que
» nous tâchions de trouver le sens. » Un de ses
aides-de-camp (je crois, le colonel Rapatel,
ancien aide-de-camp de Moreau), dit à son
voisin : « Pourvu que ce soit le bon sens. » L'empereur sourit (1).

Le roi de Prusse partit le même jour. Les deux
souverains prirent une route de traverse. Bonaparte arrivait sur l'Aube et la grande route.
Le lendemain matin, l'empereur d'Autriche,
n'eut que le temps de se diriger par la traverse
avec une escorte de sa garde. Il alla promple-
ment rejoindre l'empereur de Russie et le roi de
Prusse.

Peu de temps après, on apprit l'heureuse
entrée de LL. MM. dans Paris. Bar-sur-Aube
tressaillit de joie à la nouvelle que les Bourbons
étaient proclamés, et le drapeau blanc y fut de
suite arboré avec transport (2).

----

(1) L'empereur Alexandre se plaisait à ce que les personnes qui l'accompagnaient, ne parlassent que français,
et se livrassent à l'enjouement qui caractérise la nation
française.

(2) Le drapeau blanc ne put être arboré aussi promple-
ment dans les campagnes. Au mois de mai, le drapeau noir
y flottait encore. Pareil au champ fertile qu'une nuée d'in-

Voilà, mon cher Général, tout ce que j'ai su, dans cette malheureuse et intéressante petite ville, de plus remarquable sur l'empereur Alexandre, dont le nom y rappellera toujours tant d'aimables qualités, de noblesse et de grandeur d'âme.

Si vous pensez que cette notice, avec ses accessoires, renferme par hasard quelques passages qui méritent l'attention de vos amis, faites-leur en part. Adieu.

Votre constant ami.

B**

---

sectes a dévoré, ce Vallage, naguère si florissant, ne présentait plus qu'une affreuse ligne de dévastation. Les terreurs et l'infection avaient fait périr, au sein des ruines, près d'un tiers de ses habitans. Le reste, ayant tout perdu et fuyant la mort, errait au loin. Ce n'est que par degrés que ces malheureux purent se hasarder à revenir pleurer sur les débris de leurs chaumières, et essayer de les rétablir. Mais ils laissèrent long-temps encore flotter le drapeau noir dans leurs communes, soit en sigue du deuil de tant de familles, soit pour en écarter, par la crainte de l'épidémie, les détachemens étrangers, qui s'éloignaient à cet aspect.

APPENDICE.

CONDUITE DES ARMÉES ALLIÉES,
ET SES EFFETS.

> « *Du moins je puis généralement répondre de*
> » *mes Russes. Les prétendus barbares du nord*
> » *sont disciplinés. Ils n'ont pas été gâtés, en fai-*
> » *sant la guerre à l'école de Napoléon.* »

(Page 9.)

Cette réflexion de l'empereur Alexandre pouvait très-bien s'appliquer aux soldats de l'ex-Confédération du Rhin, principalement aux Wurtembergeois et Bavarois, qui se conduisaient le plus indignement.

Au surplus, quelle qu'ait été la pensée de cet auguste souverain, qui ne pouvait pas voir tous nos maux, et dont les troupes (c'est une justice à leur rendre) ne sont assurément pas celles qui encoururent les plus graves reproches ; jamais les soldats français n'ont agi en masse dans les guerres d'Allemagne, d'une manière aussi révoltante que les troupes alliées dans la malheureuse Champagne , aux mois de février et de mars 1814. Dans le Vallage surtout , ce n'étaient pas quelques soldats épars , qui affectaient de porter la désolation chez le paisible habitant ; c'étaient tous , et sur tous les points. Si des certificats honorables y furent délivrés à quelques troupes pour ces deux mois , ils ne signifiaient rien que le bonheur d'être débarrassé. La voix de la population entière , et celle des ruines , parlaient autrement.

Ne sommes-nous pas en Champagne ! disaient des Prussiens, en dévastant ; comme pour venger leur retraite de 1792. En général , les Allemands n'avaient aucun frein. Ils ne cessaient de s'autoriser de quelques faits isolés , que chez eux on avait eu à reprocher à quelques soldats français : et il semblait suffire qu'un seul français eût commis dans un hameau d'Allemagne tel acte répréhensible , pour que tous les soldats d'une armée entière pussent nous en faire chacun autant et plus encore. Ah ! que nos armées se conduisirent moins durement dans leurs provinces en ennemis déclarés , qu'ils n'ont fait chez nous en se déclarant nos amis ! dans une position toute différente , il leur paraissait même trop doux de ne nous appliquer que cent mille fois pour une la peine du talion. Un ironique *vous nous avez fait tout cela ,* est la seule justice qu'on obtenait.

Le prince généralissime fit lui-même , en quelque sorte , l'aveu de la mauvaise conduite des troupes alliées. Il leur dit dans un ordre du jour :

(. 31)

« Nous ne devons avoir d'autres ennemis dans
» ce pays, dont le peuple nous reçoit à bras ou-
» verts, que ceux qui portent les armes contre
» nous. J'apprends que des soldats ont maltraité
» de paisibles habitans. Je me vois forcé de renou-
» veler les ordres que j'avais donnés, etc, etc. »
Une proclamation ultérieure, en renouvelant
encore toutes les ordonnances précédentes, (dont
c'était confesser de nouveau l'impuissance contre
des troupes effrénées, que l'exemple seul
des supplices aurait peut-être pu comprimer),
acheva de faire sentir aux habitans toute la profondeur de leurs maux. Si l'indigne conduite des
soldats pouvait éveiller le sentiment si naturel de
la résistance, l'ordre portait : « Toute commune
» dont les habitans se porteront à des voies de fait,
» sera livrée au pillage et aux flammes...... »
Ainsi, il fallut que les malheureux se laissassent
détruire corps et biens, sous peine d'être réduits
en cendres. Des écrivains *français* ont voulu
justifier tout cela, en observant que Bonaparte
l'avait fait en Espagne. Une telle parité ne laisse
plus rien à dire.

Depuis cette fatale époque, où la plus grande
partie de la Champagne fut si maltraitée, sans
doute une heureuse combinaison de réflexions
et d'événemens prospères, rendit les troupes
alliées mieux disposées envers les Français. Mais
qu'elles étaient mal disposées alors ! qu'il y eut
loin des armées victorieuses, recueillant deux
fois dans Paris les doux fruits de leurs succès,
aux légions irritées, satisfaisant en Champagne,

au commencement de 1814 , toute leur haine contre la France !

Qu'on s'étonne, après cela, de la commotion presque électrique qui frappa, en 1815, les habitans de cette province, à la seule idée de la réapparition des étrangers !

C'était bien de soutenir l'usurpateur, qu'il s'agissait !... Pourquoi y a-t-il des hommes qui, du moment que vous ne parlez pas ou ne faites pas exactement de la même manière qu'eux, même dans des situations contraires, vous proclament de suite, et sans autre examen, diamétralement opposés à la cause dont le succès vous intéresse autant qu'eux ?

Une fois le Roi hors de ses états, les Champenois ne virent plus que la rentrée prochaine des étrangers. Ils firent abstraction de toute autre idée ; ils ne songèrent qu'à leurs plaies, qui saignaient encore ; ils n'envisagèrent que le besoin d'en empêcher de nouvelles ; et le retour du meilleur des Rois avait déjà fait cesser leurs dangers, que plusieurs, n'osant y croirent encore, continuaient d'errer dans les bois, et de ne voir, dans tout ce qui les abordait, qu'un allié de 1814. Le cri même de sédition, que quelques égarés prononçaient, ne leur présentait aucune autre idée que celle de *résistance à l'étranger*. C'est la peur des étrangers, qui, seule, avait opéré tout ce changement.

Mais qu'on ne s'y trompe pas, les Champenois étaient et n'ont pas cessé d'être entièrement dévoués aux Bourbons, et par raison et par amour ; tout aussi profondément dévoués, que les plus parfaits royalistes du midi. Si, à la vérité, ceux-ci ont plus d'expression, ils ne peuvent pas aimer davantage. Essentiellement bons et paisibles, les Champenois chérissent Louis XVIII ; et le mot *vive le Roi, quand même* (suivant l'acception de la sagesse), est tout-à-fait dans leur cœur comme dans leur style.

Ah ! si tant de fortunées provinces de France, qui n'ont connu la courte mais destructive guerre de 1814, que par les gazettes ou le cantonnement tardif de quelques troupes, en eussent été le sanglant théâtre, comme cette malheureuse Champagne ; et qu'en 1815, leurs habitans ruinés se fussent écriés : « *les voici encore !* » est-il certain que ce mot seul n'eût pas mis tout à coup le désordre dans beaucoup de têtes ?

En concluera-t-on que cette disposition subite aurait été l'effet ou la marque d'un attachement à l'usurpateur ?... Comment même supposerait-on encore l'existence d'un tel sentiment, dans des cœurs français ! sous le règne de Louis XVIII !

Qu'aujourd'hui quelques artisans de désordre, en relation avec des hommes dont la tranquillité publique a demandé l'exil, gardent l'espoir d'entraîner des provinces dans l'égarement ; qu'ils profitent, à cet effet, du souvenir de tant de calamités, du surcroît inévitable des impôts, du nouvel abîme où la dernière tentative de Bonaparte a plongé la France ; qu'il y ait même des fils assez dénaturés, pour vouloir déchirer le sein de leur patrie, à cause de quelques regrets ; que des insensés, poussés peut-être par des étrangers jaloux encore de notre situation et épiant une nouvelle occasion de nous désoler, cherchent à rallumer un grand incendie,... cela se peut ; ce siècle est fertile en méchans desseins. Mais qu'ils y parviennent ; que la discorde brise les liens légitimes et sacrés qui nous unissent,... plus jamais !

Tous les Français comprennent dans quelle profondeur de désolation les précipiterait enfin pour toujours un seul instant d'erreur, sur-tout sous l'œil des souverains alliés dont les armées occupent nos frontières ; tous les Français sont opposés aux factions et à l'usurpateur dont l'idée vient réveiller tant de douleurs amères ; tous sont dévoués à leur Roi, en qui seul ils peuvent fonder une lueur d'espérance dans leur détresse. On a dit, avec raison, qu'il n'y avait pas d'*Athées* de bonne foi. Disons la même chose de ce qu'on nomme *Bonapartistes*. Pour aimer et servir le Roi, comme pour adorer la Divinité, il suffit de penser.

Les déplorables résultats de la guerre étrangère et des dissentions intestines, ont plus que jamais allumé dans tous les cœurs le feu de l'honneur national, et fait ressentir le besoin d'être unis. Quelle qu'ait été la différence d'opinion et de conduite politique de tant de milliers de braves de toutes les couleurs, ils se rallieront tous aujourd'hui sous la bannière des lis, pour le Roi et la Patrie. La valeur qui les a distingués, de part ou d'autre, leur a inspiré une mutuelle estime, et les rendra désormais inséparables. Ainsi de nobles amis, un instant égarés par les passions, s'embrassent après s'être blessés, et vont s'asseoir ensemble au banquet des braves.

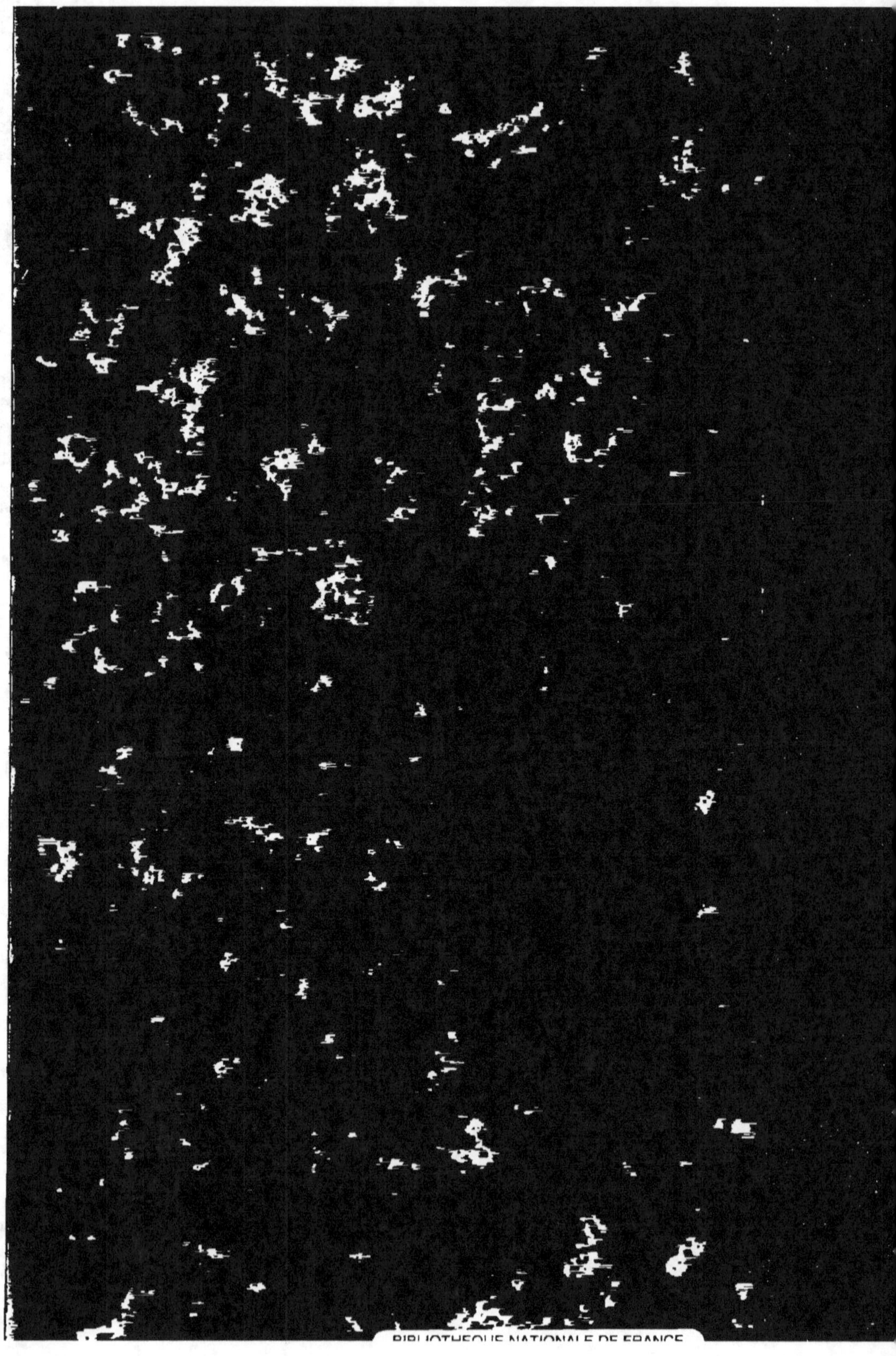